PRAULIŅS

O LUX BEATISSIMA

Sequence to the Holy Spirit, attributed to Stephen Langton and to Pope Innocent III

for mixed choir

Musica Baltica, 2016

O LUX BEATISSIMA / Veni, Sancte Spiritus
for the Latvian State Choir LATVIJA and Stephen LAYTON conductor

Veni, Sancte Spiritus

EVOCATION / INVOCATION

Sequence to the Holy Spirit, attributed to Stephen Langton (c. 1160 - 1228) and to Pope Innocent III (? - 1216).

Uģis Prauliņš (*1957)

quasi campanelli orchestra
a tempo
= 52
6
S.
A.
T.
B.
S.
A.
T.
B.
SATB
(ord.)
pp
poco rit.
pp SOLO
Ve - ni, ve - ni, San-cte Spi-ri-tus.
San -
poco rit.
rit.
SOLO
pp
Ve - ni, ve - ni, ve - ni, San-cte Sp-ri - tus.
San - cte,
[appt.keys - SFX ad lib.]
ve - ni,
ve - ni,
(half whisper)
Ve-ni, San-cte Spi-ri-tus,
ve - ni, ve-ni, San-cte Spi - ri - tus,
mm,
(ord.)
ve - ni, ve - ni, San-cte Spi-ri - tus.
mm
Ve - ni,
mm
ve - ni,
mm
ni,
ve -
AUM
p

10
(tiny bell)
S.
cte
San - cte
TUTTI
ve -
A.
San - cte
San - cte,
San - cte
SOLO
T.
San - cte,
San - cte,
SOLO
B.
San - cte
San - cte
S.
A.
poco cresc.
Ve - ni, ve - ni, ve - ni... ve - ni
ppp legato
Ve - ni, ve - ni, ve - ni,
mmm
T.
B.
Ve- ni, ve- ni, ve ni, ve- ni,
mm
Ve- ni, ve- ni, ve ni...
legato
Ve- ni, ve- ni, ve ni...
poco crescendo
Ve - ni,
Ve - ni, ve -
ve - ni, ve -
SATB
ni
Ve - ni, ve-ni, Ve -
ve - ni, ve -

16
TUTTI poco rit. (ad lib.)
a tempo
𝅗𝅥 = 52 ma rubato alla gregoriana
Ve - ni.
ni, ve - ni.
TUTTI
mp
Ve - ni, ve - ni, ve - ni.
TUTTI
mp
mf alla Gregorian chant
p tenero, dolce
ve-ni, ve-ni, ve-ni, ve ni. Ve-ni, ve - ni, ve - ni ve -
TUTTI
ve - ni, San - cte.
p leggero pp
ve - ni,
ve-ni, ve-ni, ve-ni, Ve-ni, ve-ni, ve-ni, ve-ni,
ve - ni
p
mf
C.F.
alla Gregorian chant
p
ve - ni sanc - te... Ve-ni, ve - ni, ve - ni
ni!
p
ni. mmm ve -
SATB
- ni!
p
mmm
ni. AUM...
S.
A.
T.
B.

𝅗𝅥 = 52 tempo giusto
22
pp
leggero
poco a poco accelerando to bar 50
pp
p legato, non cresc
et e -
S.
ve - ni, ve - ni, ve - ni,
simile
ve - ni, ve - ni, ve - ni,
et e
p
A.
Ve-ni, ve-ni,
Ve-ni, ve-ni,
Ve-ni, ve-ni,
Ve-ni, ve-ni,
p
T.
-ni
Spi - ri -tus
C.F.
mf
B.
et e - mit-te
p
p
S.
A.
Ve-ni, ve - ni,
Ve-ni, ve - ni,
Ve-ni, ve - ni,
Ve-ni, ve - ni, et e-
C.F.
mf
mf
T.
B.
Ve - ni, ve - ni, Sanc - te Spi - ri - tus
et e - mit-te
ve - - ni,
mp crescendo
- - ni,
et e -
SATB
ve - - ni,
ve - - ni,
et e -
mp
AUM
et

27
S.
mit - te cae - li - tus
mit - - - - te
A.
mf
et e-mit-te cae - li - tus
T.
p
mf
lu - cis, lu-cis tu-ae ra - di -
B.
mf
cae - li - tus lu-cis tu-ae ra - di -
S.
A.
mp
(tutti)
mit - te, cae-li-tus, cae-li-tus, et e-mit-te, et e-mit-te lu-cis tu-ae ra-di-um, lu-cis tu-ae ra-di-um,
T.
B.
cae - li - tus lu-cis tu-ae ra - di -
mp crescendo
e - mit - te lu - - cis
mit - te cae - li - tus lu - cis tu - ae
SATB
mf
mit - te cae - li - tus lu - - cis
e - mit - te lu - - cis

32
♩ = 56
a tempo
'TUTTI' - sonoro & legatissimo
C.F.
S.
lu - cis tu - ae ra - di - um
Ve - ni, ve - ni, ve -
A.
leggero
simile accentuato
lu - cis tu - ae ra - di - um
Ve-ni, ve-ni, ve-ni, ve-ni,
T.
leggero
simile accentuato
um.
Ve-ni, ve - ni, Ve-ni, ve-
B.
um.
Ve - ni, ve - ni, ve -
S.
A.
Ve - ni,
lu-cis tu-ae ra-di-um, lu-cis tu-ae ra-di-um. Ve
T.
B.
um.
SATB
tu - ae...
ra - di - um
Ve - ni, ve - ni,
tu - ae...
ve - ni,

36
(tutti)
S.
-ni Ve - ni, ve - ni, Sanc - te
f
A.
ve-ni, ve-ni, ve-ni, ve-ni, ve-ni, ve-ni, ve-ni, ve-ni,
T.
ni, Ve-ni, ve - ni, Ve-ni, ve - ni, Ve-ni, ve - ni, Ve-ni, ve-
mf
B.
-ni Ve - ni, ve - ni, Sanc - te
f
Ve - ni, ve - ni,
S.
A.
-ni, mp ve-ni, ve-ni, ve-ni, ve-ni, ve - ni, Sanc - te
legato
mf
T.
B.
Ve - ni, ve - ni, ve - ni,
Ve - ni, ve - ni, ve - ni, ve - ni,
SATB
legato, cantabile
ve - ni, ve - ni,
ve - ni, ve - ni,

♩ = 56
C.F.
40
S.
Spi - ri - tus, et e - mit - te cae - li -
A.
ve-ni, ve-ni, ve-ni, ve-ni,
T.
ni, ve-ni, ve-ni, ve-ni, ve-ni, et e - mit - te,
B.
f C.F.
Spi - ri - tus et e - mit - te cae - li -
Spi - ri - tus
mp
cae-li - tus,
S.
A.
ve-ni, ve-ni, ve-ni, ve-ni, cae - li - tus, et e-mit - te, et e-mit - te,
mf
mf
T.
B.
Ve - ni, ve - ni, Sanc - te; et e - mit - te cae - li -
C.F.
p
et
e -
ve - ni, ve - ni. mf et e - mit - te
crescendo
SATB
ve - ni, ve - ni, et e - mit - te,
ve - ni, et e -
mf

44
senza ritenuto
S.
tus lu-cis tu-ae ra - di - um.
A.
et e-mit-te cae - li - tus lu - cis tu - ae
T.
mf
et e-mit-te cae - li - tus lu - cis tu - ae
B.
tus lu-cis tu-ae ra - di - um.
C.F.
mf
S.
A.
lu - cis tu - ae
et e-mit-te cae - li - tus ve ni, ve-ni, lu-cis tu-ae ra-di - um,
T.
B.
tus lu-cis tu-ae ra - di - um.
mf crescendo
mit - te lu - cis tu - -
cae - li - tus lu - cis tu - ae ra - di -
SATB
mf
et e - mit - te lu - cis tu - ae ra - di -
mit - te lu - cis tu - ae ra - di -

Veni, Pater pauperum

♩ = 84 / ♩. = 56

49

attaca

𝅗𝅥 = ♩. SOLI / GRUPPO

mp articulo

S. ve -

A. ra - di - um

T. mf ra - di - um, Ve - ni, ve - ni!

B.

ra - di - um CORO 2 (echoes)

S. A. f mp lu - cis tu - ae ra - di - um, Ve - ni! Ve - ni, Pa - ter pau - pe - rum

pomposo

T. B. f mp mf Ve - ni ve - ni pau - pe -

f fresco, pomposo mp

ae... Ve - ni, pa - ter

CORO 1 (main)

um Ve - ni, ve - ni,

SATB

f mp f mp

um. ve - ni pa - ter

um! Ve - ni, ve - ni pau - pe - rum,

53
S.
A.
T.
B.
S.
A.
T.
B.
SATB
mf
articulo
- - - - ni, ve - ni, ve - -
mf articulo
pomposo
ve - ni, ve - ni, ve- ni!
mf
f
mp leggero
Ve-ni, ve-ni,
Ve - ni, ve - ni! pau-pe - rum ve-ni,
f maestoso mf
ve - ni, pa - ter ve - ni,
f mp mf f
Ve - ni, Pa - ter pau - pe - rum ve - ni, Ve - ni
pau-pe - rum
Ve - ni
rum, ve - ni, ve - ni! ve - ni ve - ni
f mf p (articul.) mf f
Ve - ni, pa - ter
Ve - ni, ve - ni, pau - pe - rum, ve - ni; Ve - ni
f mf f mp mf f
ve - ni, ve - ni pa - ter
Ve - ni, ve - ni pau - pe - rum, ve - ni, ve - ni,

♩ = 84
57
S.
ni
Ve - -
A.
mf
ve - ni lu - men cor - di - um
T.
ve- ni, ve - ni,
ve- ni, ve - ni,
ve - ni lu - men cor - di - um
B.
ve - ni lu - men cor - di - um
S.
A.
f p f
da - tor mu - ne - rum. Ve - ni lu - men cor - di - um, lu - men cor - di - um da-
T.
B.
da - tor mu - ne - rum.
marca
da-
da - tor mu - ne - rum!
ve - ni, ve - ni ve - ni
SATB
legato & sonoro
ve - ni lu - men cor - di - um, lu - men cor - di - um

61

Veni, Lumen cordium

Veni, LUMEN cordium

S. ni!

A. *mf* *mp* mu - ne - rum da-tor ve-ni, lu - men ve - ni

T. *mf* *mf* mu - ne - rum ve - ni, lu - men Ve - ni,

B. *mf* mu - ne - rum cor - di - um.

S. A. *f* da - tor, da - tor, ve - ni

- tor, da - tor mu - ne - rum, ve - ni, lu - men cor - di - um...

T. B. *f* *mf* tor ve - ni, ve - ni lu - men ve - ni,

SATB

f da - tor mu - ne - rum, ve - ni, lu - men cor - di - um...

legato

f *mf* da - tor mu - ne - rum, ve - ni, lu - men cor - di - um lu - men

65
poco rallentando
♩ = 63
S.
A.
lu - men cor - di - um
T.
lu - men cor - di - um... ve-ni lu-men cor-di-um
B.
mp
p
(mm) cor - di - um. (mm)
freely
Ve - ni, ve -
S.
A.
p
Ve - ni,
T.
B.
mp
p
ve-ni, Ve - ni,
p
mm
cor - di - um
SATB
decrescendo
cor - di- um...mmm_)

69
S.
A.
T.
B.
S.
A.
T.
B.
SATB
pp
leggero
ve-ni, ve-ni, ve - ni...
leggero
pp
dolce
SOLO
mp
ve-ni, ve-ni, ve - ni, ve-ni, ve-ni...
Con-so-la-tor op -
pp
- ni, ve - ni,
ve - ni, ve - - - - - ni...
pp
ve - ni, ve - - - - - ni
mp
legato
Ve - - - - - ni, ve - ni.

72
dolce
pp sotto voce
SOLO
non crescendo
attaca
S.
Con-so-la-tor op - - ti - me
A.
- ti - me
T.
B.
ppp
attaca
S.
A.
ppp
attaca
T.
B.
ve - - - - - ni...
SATB
pp
ppp
ve - - - - - ni...

Consolator

Consolator optime, dulcis hospes animae, dulce refrigerium.

Uģis Prauliņš (*1957)

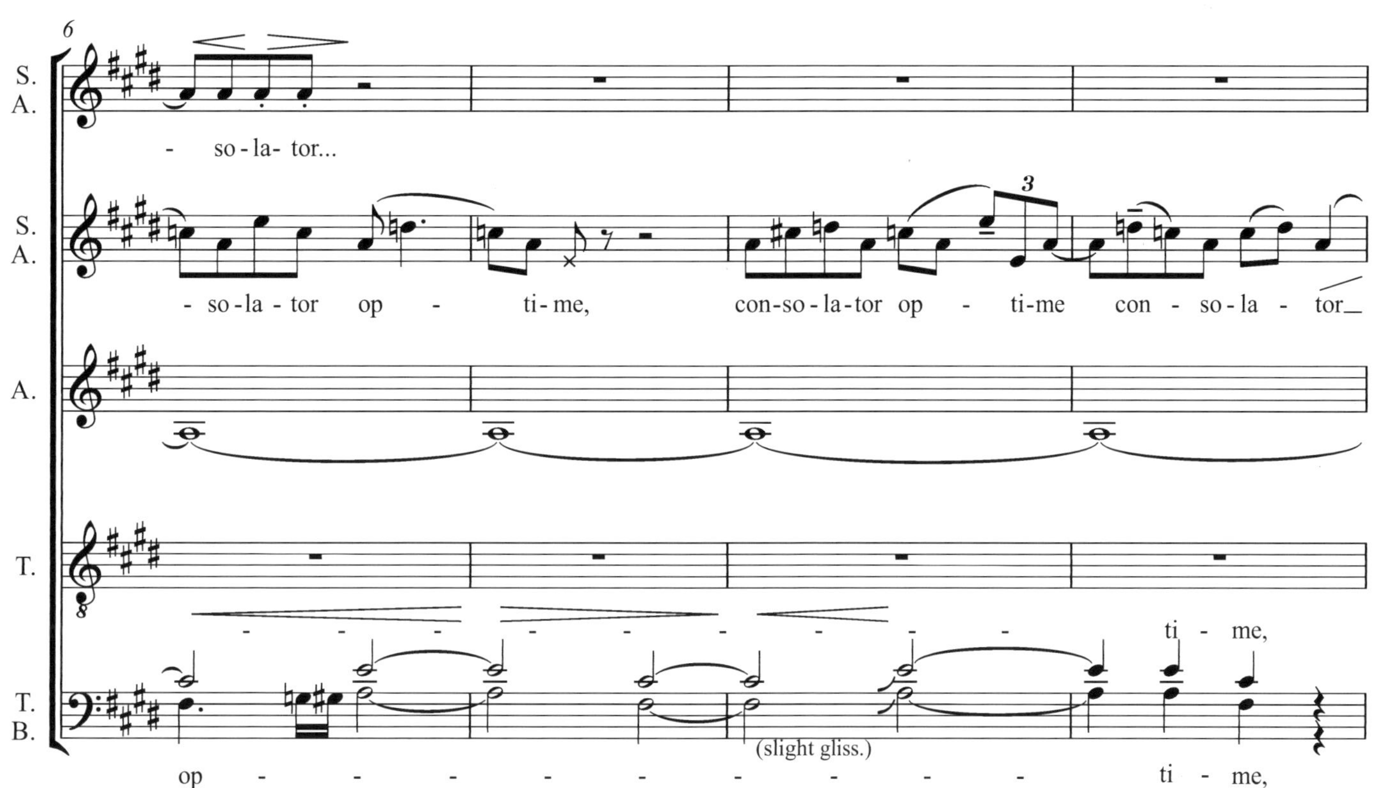

10

S. A.

op - - ti-me, con-so - la - tor...

S. A.

con-so - la-tor, op - ti-me, op - ti-me; con-so-la - tor,

A.

Aa

GRUPPO

T.

Con-so-la- tor... Con-so - la- tor...

T. B.

con-so-la-tor op - ti - me op - - - ti - me,

14

S. A.

S. A.

dul - cis hos - pes a - ni- mae, dul-cis hos -

(aahs) S: ord. choral voices

A.

Ee

A: Latvian trad . 'folk' voices ["open" sound]

slow crescendo - decrescendo

robot - alike

T.

dul - cis ho - spes

hos - - pes

T. B.

dul - cis, dul - cis ho - - - - spes

17
S.
A.
a - ni - mae a - ni - mae
pes a - ni mae, a - ni - mae dul - ce, dul-ce re -
pp
Oo
(folk voices)
T.
a - ni - mae
a - ni - mae
B.
a - ni - mae, dul - cis hos - pes, dul - ce, dul - ce,
21
mf
p
f
molto cresc.
dul-ce re - fri - ge - ri - um E!
trad. Latvian 'folk style'
"open" voice
3
- fri-ge - ri - um, dul ce, dul- ce... re - fri - ge-ri-um, dul - ce, re-fri - ge - ri - um.
molto
(dynamic crossfade)
mp
molto
Ee
trad. Latvian 'folk style'
"open" voice
dul - ce re - fri - ge - ri - um dul - ce re-fri-ge-ri-um,
dul - ce re-fri-ge-ri-um, dul - ce re-fri-ge-ri-um,

26
mp legato
dul - cis
S.
A.
dul - cis ho - spes a - ni - mae, dul -
mf
Con - so - la - tor op - ti - me, dul - cis ho - spes a - ni - mae, a - ni - mae, a - ni mae,
(aahs)
A.
p
Ee
T.
a - ni - mae,
T.
B.
dul - cis, dul - cis ho - spes a - ni - mae, re - fri - ge - ri -
30
mf
deciso
- ce re - fri - ge - ri - um, re - fri - ge - ri - um. In la - bo - re
dul - ce re - fri - ge - ri - um, dul - ce re - fri - ge - ri - um. In la - bo - re
In la - bo - re
mp
re - fri - ge - ri - um,
re -
deciso
dul - ce
In la - bo - re
re - fri - ge - ri - um.
um, re - fri - ge - ri - um, re - fri - ge - ri - um In la - bo - re
gliss.
mp legato

In labore REQUIES
35
S.
A.
T.
B.
imperioso
re - qui- es
re - qui - es,
in la -bo- re re - qui - es
re - qui - es
re- qui - es,
in la - bo- re
re - qui- es
in
crescendo
SOLO
- qui- es,
re - qui - es,
re - qui - es,
re - qui - es,
re - qui- es,
re - qui- es.
re - qui - es,
re - qui - es,
re - qui- es,
In
41
In aestu temperies
SOLO
in ae-stu tem - pe - ri- es,
TUTTI
in aes-tu tem - pe - ri - es
tem - pe ri - es
in aes - tu tem - pe-ri- es, tem - pe - ri - es,
in
in aes-tu tem - pe-ri- es,
in aes - tu tem - pe-ri- es,
in aes - tu
aes-tu tem - pe - ri - es,
in aes - tu
in
in aes tu tem - pe - ri- es,
tem - pe-ri- es,
in aes - tu tem - me-ri- es, tem - pe - ri - es,
aes - tu tem - pe-ri- es, tem - pe - ri- es,
tem - pe-ri- es,

45
poco cresc.
poco cresc.
S.
A.
p
mf
f
in aes - tu tem - pe - ri - es, in fle - tu, fle - tu in
ae - stu tem - pe - ri - es,
S II
in aes - tu tem - pe - ri - es,
f
in aes - tu in aes - tu tem - pe - ri - es, in fle - tu, in
mf
in ae - stu tem - pe - ri - es.
A.
mf
mp
f
aes - tu in aes - tu tem - pe - ries. in fle - tu, in
T.
mf
mp
poco crescendo
f
tem - pe - ri - es, tem - pe - ri - es, tem - pe - ri - es, tem - pe - ries,
T.
B.
mf
mp
f
tem - pe - ri - es, tem - pe - ries tem - pe - ri - es, tem - pe - ries,
51
poco rit.
ff a tempo
in Fletu - Solatium...
fle
(molto vibrato ad lib.)
marcato
fle - tu so - la - ti - um, in in fle
f
poco cresc.
f in fle - tu
fle - tu, fle - tu, in fle - tu in fle - tu in fle - tu
in
f fle - tu, in fle - tu, in
fle - tu so - la - ti - um, in fle - tu in fle - tu, in fle
f
doloroso
tem - pe - ries tem - pe - ries, in fle - tu so - la - ti
ff
tem - pe - ries, tem - pe - ries, in fle - tu...

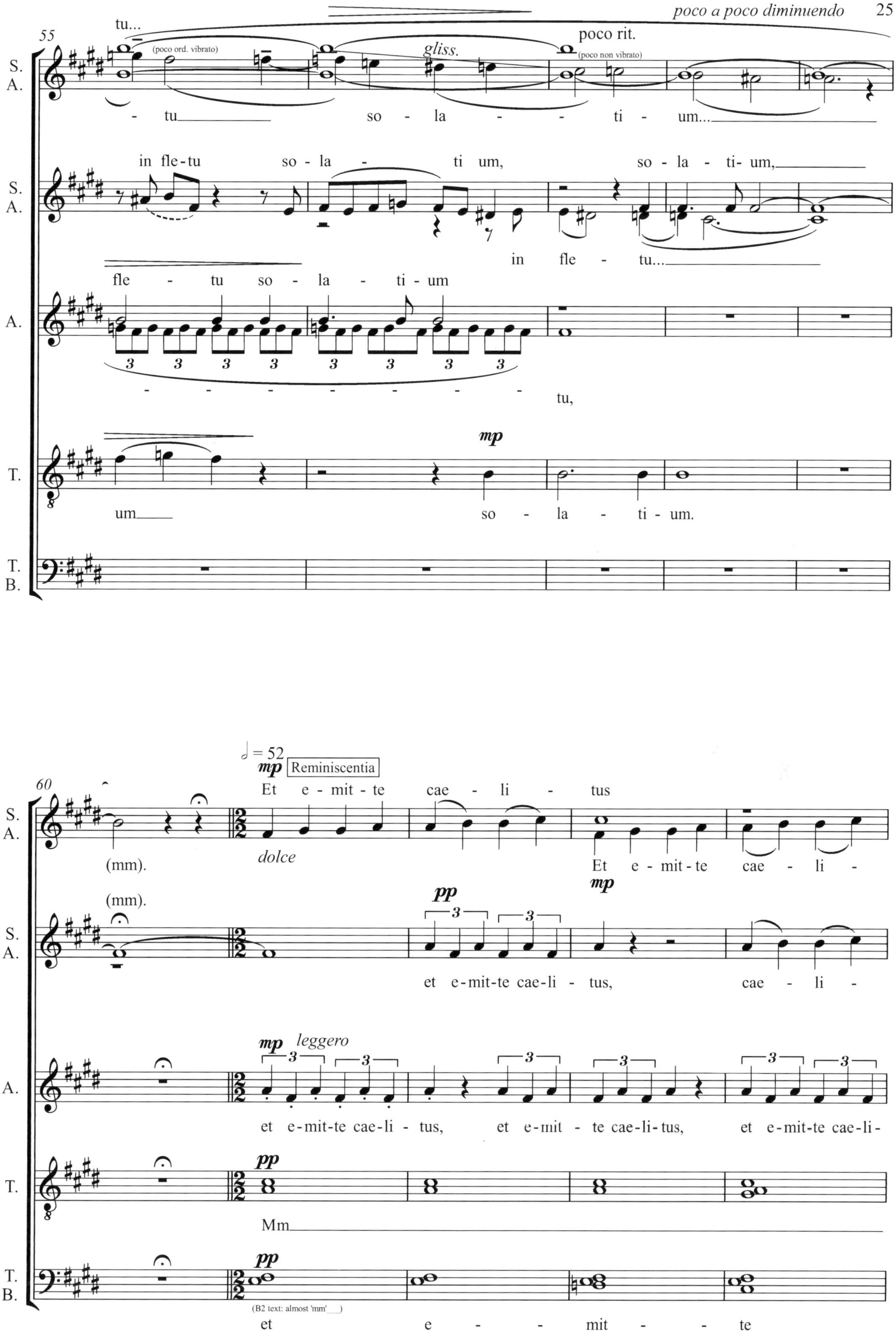
poco a poco diminuendo
55
tu...
(poco ord. vibrato)
gliss.
poco rit.
(poco non vibrato)
S.
A.
- tu so - la - - ti - um...
in fle-tu so - la - ti um, so - la - ti- um,
S.
A.
in fle - tu...
fle - tu so - la - ti - um
A.
- - - - - - - - tu,
mp
T.
um so - la - ti - um.
T.
B.
60
𝅗𝅥 = 52
mp Reminiscentia
Et e - mit - te cae - li - tus
S.
A.
(mm). dolce Et e - mit - te cae - li -
mp
(mm).
pp
S.
A.
et e-mit-te cae-li - tus, cae - li -
mp leggero
A.
et e-mit-te cae-li - tus, et e-mit - te cae-li-tus, et e-mit-te cae-li-
pp
T.
Mm
pp
T.
B.
(B2 text: almost 'mm'___)
et e - - - mit - - te

65
lu - cis tu - ae
S.
A.
-tus ra - di - um (mm).
S.
A.
-tus ra - di - um (mm).
A.
tus tu-ae ra-di-um, lu-cis tu-ae ra-di-um, lu-cis tu-ae ra-di-um, (mm).
T.
(mm).
T.
B.
ra - - - di - - - um... (mm).

O Lux Beatissima

Uģis Prauliņš (*1957)

15
𝅗𝅥 = 72
GRUPPO
O
S.
A.
O, Lux be - a - tis - si - ma, lux be - a - tis - si - ma, lux be - a - tis - si - ma...
(independ aleat. ad lib.)
poco a poco crescendo
TUTTI
poco agitato
allarg.
S.
O Lux be - a - tis - si - ma, lux be - a - tis - si - ma, re - ple cor -
A.
O Lux be - a - tis - si - ma, lux be - a - tis - si - ma, re - ple cor -
T.
B.
re - ple cor -
𝅗𝅥 = 80
20
O, lux be - a - tis - si - ma
lux be - a - tis - si - ma
a tempo
dis
lux be - a - tis - si - ma
dis lux be - a - tis - si - ma, lux be - a - tis - si - ma, re - ple cor - dis;
O, lux be - a - tis - si - ma,
SOLO
re - ple cor - dis in - ti - ma tu - o - rum fi - de - li -
dis, re - ple cor - dis in - ti - ma tu - o - rum fi - de - li -

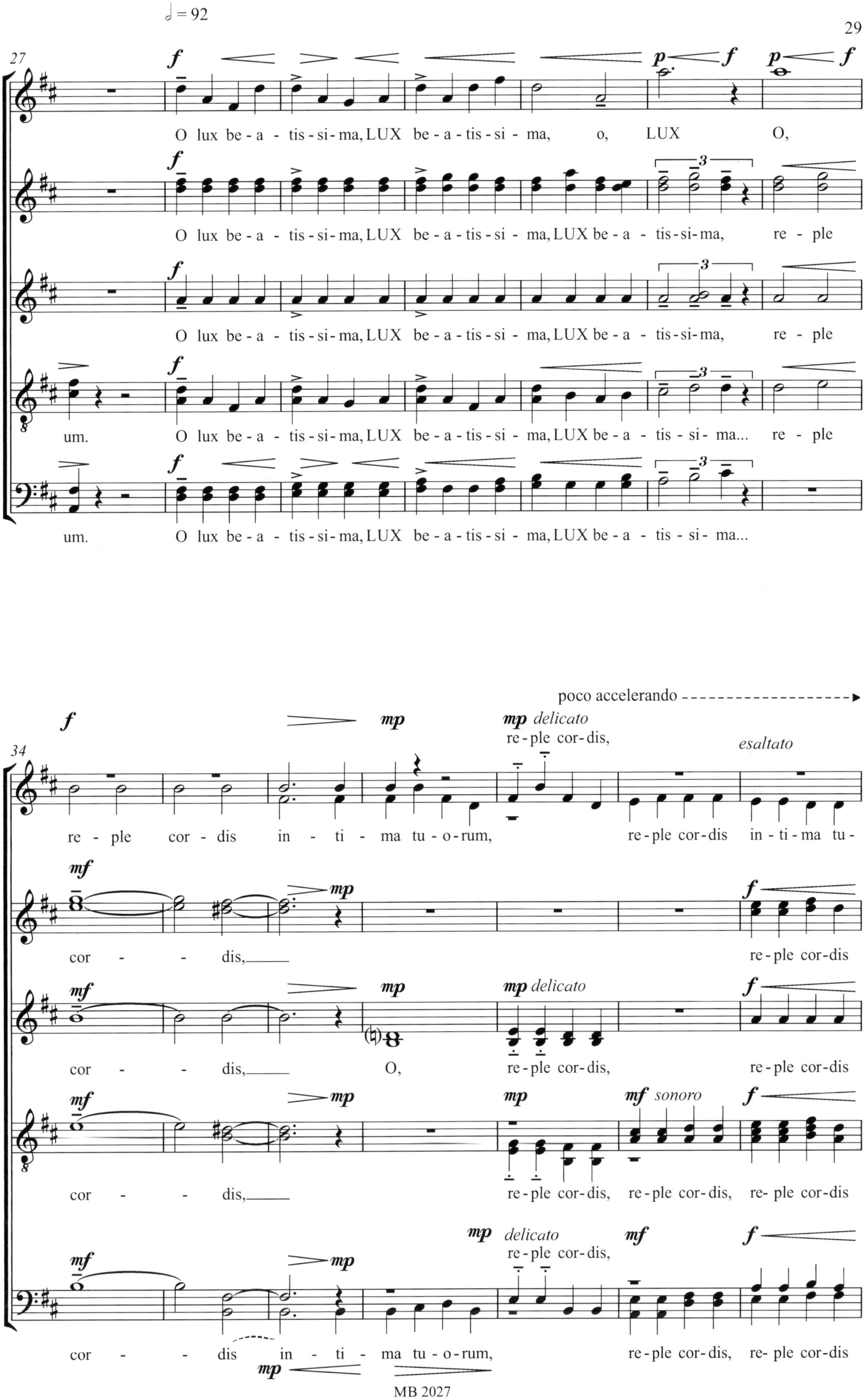

poco accelerando

34

S. A.
mp delicato re - ple cor - dis,
esaltato
re - ple cor - dis in - ti - ma tu - o - rum, re - ple cor - dis in - ti - ma tu -

S.
cor - dis, re - ple cor - dis

A.
mp delicato
cor - dis, O, re - ple cor - dis, re - ple cor - dis

T.
mf sonoro
cor - dis, re - ple cor - dis, re - ple cor - dis, re - ple cor - dis

B.
delicato re - ple cor - dis,
cor - dis in - ti - ma tu - o - rum, re - ple cor - dis, re - ple cor - dis

41
in - ti - ma...
S.
A.
o-rum
poco rit.
a tempo
o lux be-a-tis-si-ma, lux be - a-tis-si-ma
S.
in - ti - ma tu-o-rum, O, Lux be - a - tis - si - ma, LUX be - a - tis - si-
crescendo
A.
in - ti - ma tu-o-rum, O, Lux be - a - tis - si - ma, LUX be - a - tis - si-
T.
mf delicato
re-ple, re-ple, re-ple re-ple O, Lux be - a - tis - si - ma, LUX be - a - tis - si-
B.
p molto
re - ple tu-o-rum; o, lux

47
più mosso
S.
A.
mp mf
re - ple cor - dis
non cresc.
delicato
re-ple cor-dis in-ti-ma tu - o - rum,
S.
f mf f
ma, LUX be - a - tis-si-ma, re - ple cor - dis
A.
ma, LUX be - a - tis-si-ma, re - ple cor - dis cor - dis
T.
ma, LUX be - a - tis-si-ma, re - ple cor - dis, cor-dis in-ti-ma tu - o - rum,
B.
cor - dis in - ti - ma tu-

(𝅗𝅥 = 98)
accel. to bar 68
54
S.
A.
f
re-ple cor-dis in-ti-ma tu - o-rum, re-ple cor-dis in - ti - ma
S.
f
leggero
mf
in - ti - ma tu - o-rum fi - de - li - um, fi - de - li - um, fi - de - li - um, fi - de - li - um, fi-
A.
leggero
mf
re-ple cor-dis in - ti - ma tu - o-rum fi - de - li - um, fi - de - li - um, fi - de - li - um, fi - de - li - um, fi-
T.
mp
leggero
in - ti - ma tu - o - rum, re-ple cor-dis in - ti - ma tu - or-rum fi - de - li - um,
B.
delicato
cor - dis
o - rum in - ti - ma tu - o - rum
𝅗𝅥. = 67
(3/4: in 1)
fi - de - li - um fi - de - li - um
61
S.
A.
molto cresc.
in - ti - ma! Lux, O
S.
mp leggero
molto cresc.
de - li - um, fi - de - li - um, fi - de - li - um, fi - de - li - um, fi - de - li - um
A.
mp leggero
molto cresc.
de - li - um, fi - de - li - um, fi - de - li - um, fi - de - li um, in - ti - ma, cor-dis fi - de - li - um;
T.
mp leggero
molto cresc.
re - ple cor - dis in - ti - ma tu - o - rum fi - de - li - um:
B.
molto cresc.
O LUX! O

68
𝅗𝅥 = 104
O
lux!
subito
lux be - a - tis - si - ma,
LUX!
be - a - tis - si - ma,
S.
A.
S.
A.
T.
B.
subito p
re - ple cor - dis; O,
O,
LUX
be - a - tis -
be - a - tis -
subito p
re - ple cor - dis;
O, lux be - a - tis - si - ma, lux
subito GRUPPO
falsetto
LUX!
O, Lux be - a - tis - si - ma
rep - le
cor - dis
o,
lux
LUX!
O,
lux
75
SOLO
O
TUTTI
legato
O,
SOLO
SOLO
O
O,
Lux!
(TUTTI)
O, Lux be - a -
marcato
sonoro
- si - ma! O,
O
Lux,
- - si - ma.
lux be - a - tis - si - ma,
O, lux be - a - tis - si - ma, lux
TUTTI
gliss.
C.F.
gliss.
re - ple cor - dis
O,
lux!
O,
Lux, be-a-
lux
GRUPPO
TUTTI
O, lux,
lux be - a - tis - si - ma!
O, lux be - a - tis - si - ma

81
Lux, lux be - a - tis - si-ma.
TUTTI
grandioso
ff
tis - si-ma,
lux be - a - tis - si - ma...
S.
A.
f
be - a - tis - si - ma,
lux be-a-tis - si ma!
be - a - tis-si-ma,
lux be-a-tis-si-ma, o, Lux!
T.
tis-si - ma, O, Lux, be-a-tis-si - ma, lux! lux be - a - tis-si-ma!
B.
be - a-tis-si-ma, lux be - a-tis-si-ma, lux be - a-tis-si-ma!

Sine tuo numine 'Britten - Letten'

Uģis Prauliņš (*1957)

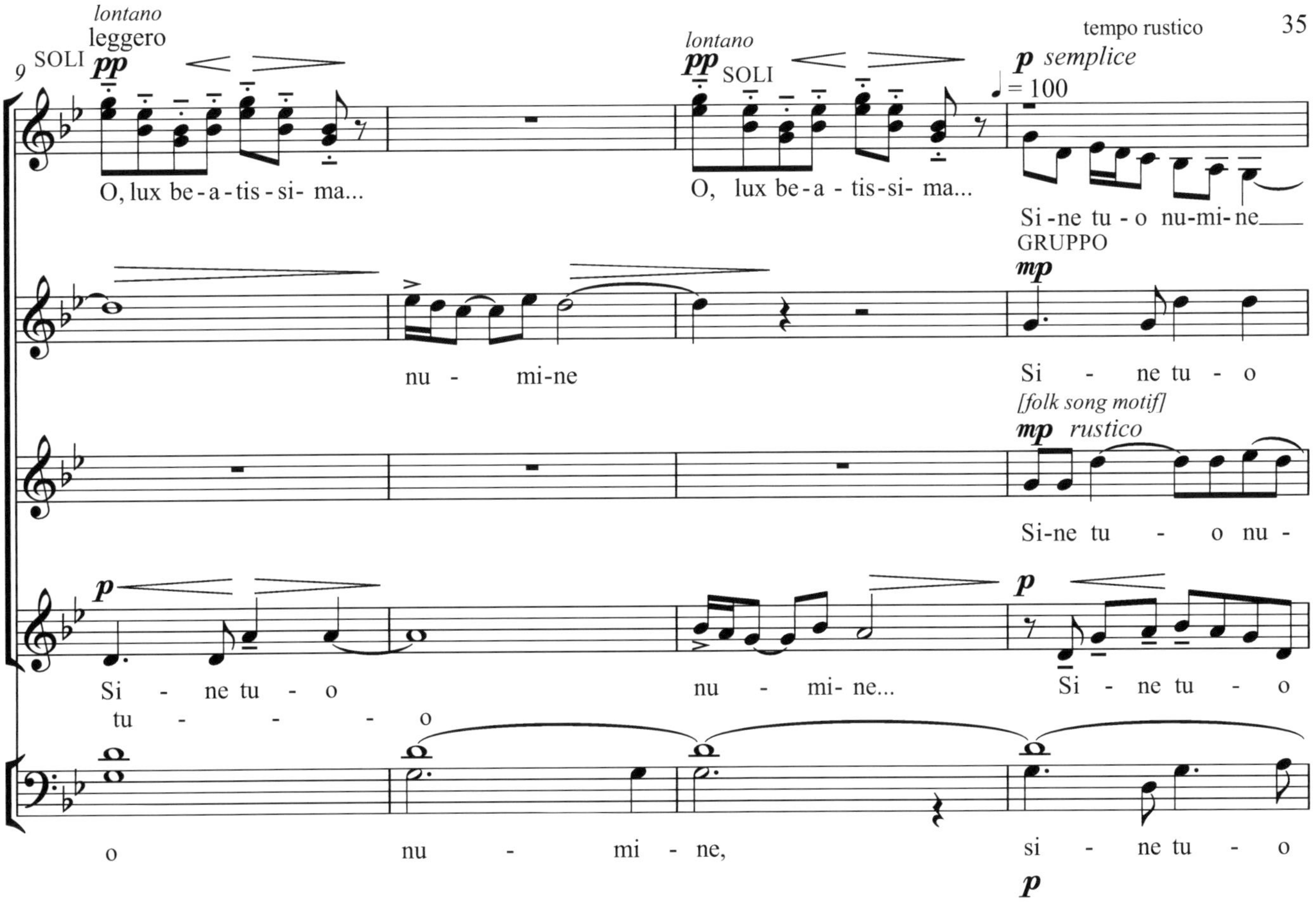
lontano
leggero
9 SOLI pp
lontano
pp SOLI
tempo rustico
p semplice
♩ = 100
S.
A.
O, lux be - a - tis - si - ma...
O, lux be - a - tis - si - ma...
Si - ne tu - o nu - mi - ne
GRUPPO
mp
S.
nu - mi - ne
Si - ne tu - o
[folk song motif]
mp rustico
S.
Si - ne tu - o nu -
p
p
A.
Si - ne tu - o
nu - mi - ne...
Si - ne tu - o
tu - o
T.
B.
o
nu - mi - ne,
si - ne tu - o
p

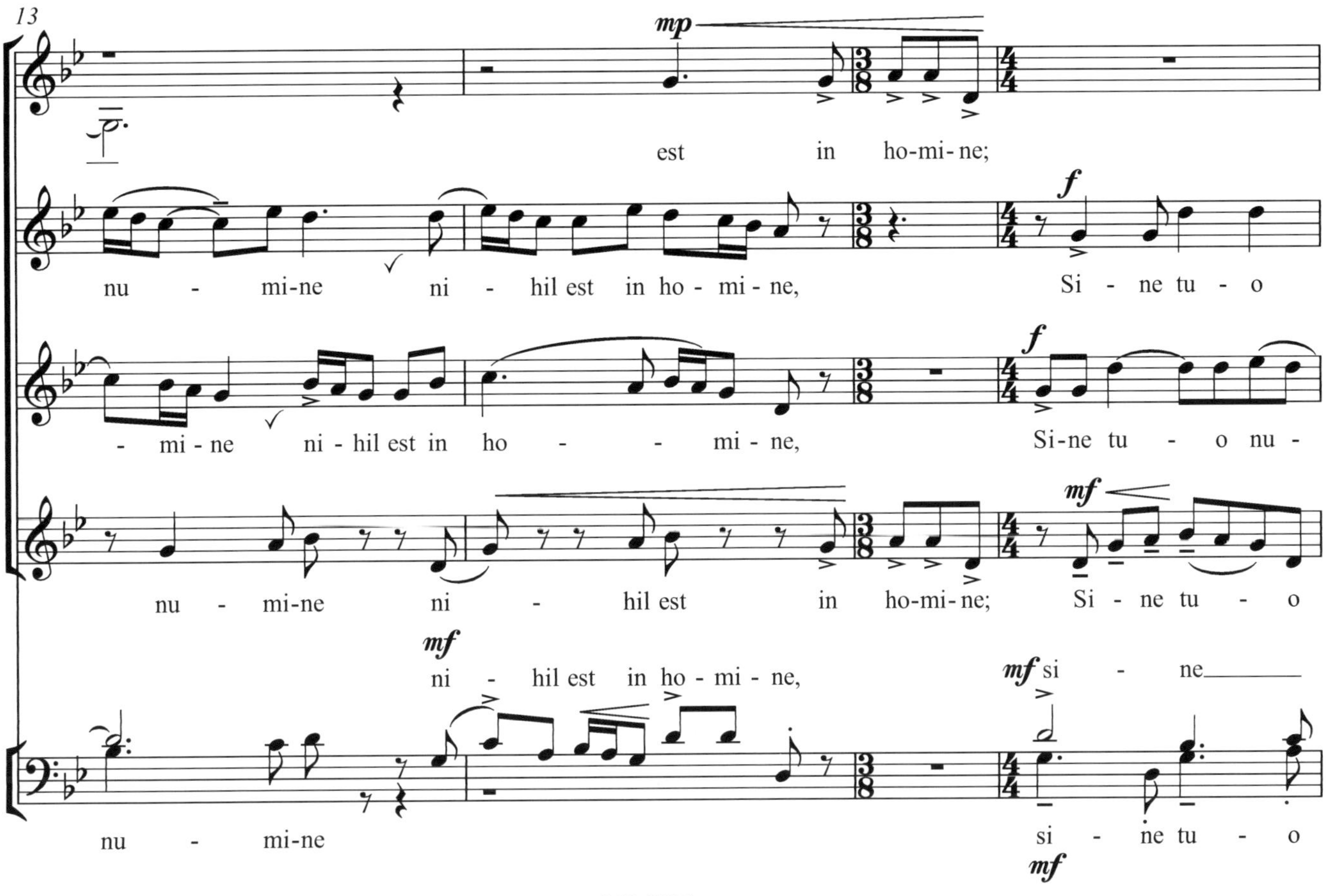
13
mp
S.
A.
est in ho - mi - ne;
f
S.
nu - mi - ne
ni - hil est in ho - mi - ne,
Si - ne tu - o
f
S.
- mi - ne
ni - hil est in
ho - mi - ne,
Si - ne tu - o nu -
mf
A.
nu - mi - ne
ni - hil est
in
ho - mi - ne;
Si - ne tu - o
mf
ni - hil est in ho - mi - ne,
mf si - ne
T.
B.
nu - mi - ne
si - ne tu - o
mf

17

S. A.: *mp* *mf* ni - - hil, ni - hil,

S.: *mf* nu - mi-ne ni - hil est in-no-xi-um, ni - hil, ni - hil,

S.: *mf* - mi-ne ni-hil est in-no - - xi-um, ni - hil, ni - hil,

A.: *mf* *mp* nu - mi-ne ni - hil est, ni-hil est in ho-mi-ne,
tu - - *folksy* *mf* ni-hil est in ho-mi-ne,

T. B.: nu - mi-ne ni - hil ni-hi, ni-hil, ni-hil, ni-hil

21

S. A.:

S.: ni-hil est in ho-mi-ne, ni - hil, ni - hil, ni-hil est in-no-xi-um, ni - hil, ni - hil,
ni - hil, est in - no-xi-um,

S.: ni-hil est in ho-mi-ne, ni - hil, ni - hil, ni - hil, ni - hil,

A.: *p* *mf* ni-hil est in ho-mi-ne, ni-hil est in ho-mi-ne, ni-hil est in-no-xi-um, ni-hil est in-no-xi-um, in-
ni - hil est

T. B.: ni-hil in ho-mi-ne, in ho-mi-ne, in - no-xi-um inmp

ni - hil, ni - hil, ni - hil est....

25

S.
A.

ni-hil est in ho-mi-ne,

ni - hil est, ___

S.

ni-hil est in ho-mi-ne, ni - hil, ni - hil est ___

ni-hil est in ho-mi-ne,

S.

mp p

ni-hil, ni - hil est...

A.

mp

no-xi-um, in-no-xi-um, in - no-xi-um, in-no-xi-um, in - no-xi-um, in-no-xi-um, Si-ne tu-o nu-mi-ne,

ni - hil,

T.
B.

mp p mp

no-xi-um, in-no-xi-um ni - - - - hil...

29

S.
A.

mp poco a poco crescendo mf

Si-ne tu-o nu-mi-ne ni - hil, si-ne tu-o nu-mi-ne, si-ne tu-o nu-mi-ne,

S.

mp

si - ne tu - o

S.

mp mp mf

Si-ne tu-o nu-mi-ne ni - hil, Si-ne tu-o nu-mi-ne ni- hil est... Si-ne tu-o nu-mi-ne

simile accentuato

A.

si-ne tu-o nu-mi-ne, si-ne tu-o nu-mi-ne, si-ne tu-o nu-mi-ne, si-ne tu-o nu-mi-ne, si-ne tu-o nu-mi-ne,

ni- hil est... ni- hil est...

T.
B.

p mp

ni- hil est...

p

34
poco rit.
S.
A.
si - ne tu - o nu - mi - ne, si - ne tu - o nu - mi - ne, ni - hil est in ho - mi - ne, ni - hil est in - no - xi - um;
S.
no - - mi - ne ni - hil est in ho - mi - ne, ni - hil est in - no - xi - um;
S.
ni - hil est... ni - hil est...
si - ne tu - o nu - mi - ne, ni - hil est...
A.
si - ne tu - o nu - mi - ne, si - ne tu - o nu - mi - ne, ni - hil est in ho - mi - ne, ni - hil est in - no - xi - um;
T.
B.
ni - hil ni - hil est...
ni - hil est... ni - hil,
poco a poco crescendo
38
♩ = 104 tempo giusto ma poco piu mosso
SOLO
ni - hil est
Si - ne tu - o nu - mi - ne ni - ni - hil est in ho - mi - ne, Si - ne tu - o
subito
f subito
Si - ne tu - o nu - mi - ne ni - hil est in ho - mi - ne, Si - ne tu - o nu -
subito
Si - ne tu - o nu nu - mi - ne ni - hil est in Si - ne tu - o
Si - ne tu - o
tu - o ni - hil est in ho - mi - ne, si - ne tu - o,
nu - mi - ne
si - ne tu - o
sub si - ne tu - o

42

S. A. *mf* La - va! La - va!

S. nu - mi-ne ni - hil est in... *mf* *mp* la - va,

S. - mi - ne ni - hil est in - no - xi um; *mf* *mp* La va quod est sor - di - dum, la - va quod est

A. nu - mi-ne ni - hil *mf* La - va quod est sor - di - dum, la - va quod est sor - di - dum,

tu - - o *mp* La - va! La - va!

accentuato

T. B. nu - mi-ne ni - hil est in... *mf* *f* *mf* La - va! *mf*

46

fermo

S. A. *f* *espress.* La - va! quod est sor - di - dum quod est

(gasp)

S. *mf* La - va! est

S. sor - di - dum, la - va quod est sor - di - dum, la - va quod est sor - di - dum, la - va quod est

A. la - va quod est sor - di - dum, la - va quod est sor - di - dum, la - va quod est sor - di - dum,

mp la - va *molto espressivo* *ruvido, feroce, caricato*

T. B. *ff* C.F. La - va! TUTTI La - va quod est est sor - di - dum quod est *f*

49

legato *irato* **f** *accentuato, ruvido*

S. A.: sor-di-dum sor - di - dum, La-va, quod est sor - di-

S.: la - va, quod est (gasp) est

simile

S.: sor-di - dum, la-va quod est sor-di - dum, la-va quod est sor-di dum, la-va quod est

simile

A.: la-va quod est sor-di-dum, la-va quod est sor-di dum, la-va quod est sor-di dum,

mf legato **f**

T. B.: sor-di-dum sor - di - dum, La-va, quod est est sor - di-

52

molto legato e marcato

S. A.: dum quod est sor - di - dum sor - di -

f *sonoro*

S.: quod est sor-di-dum, quod est sor - di-dum

S.: sor - di - dum, la - va quod est sor - di - dum, la - va quod est

A.: la - va quod est sor - di - dum, la - va quod est sor - di - dum,

legato e marcato

T. B.: dum quod est sor - di - dum sor - di -

54
♪ = ♪
ATTACA
mf diminuendo
mp
(mp)
S.
A.
S.
S.
A.
T.
B.
dum,
La - va,
La - va,
sor - di dum.
sor - di - dum, la - va quod est sor - di - dum, la - va quod est sor - di - dum, la - va quod est
la - va quod est sor - di - dum, la - va quod est sor - di - dum, la - va quod est sor - di - dum,
dum,
La - va,

Riga - Sana - Flecte - Fove - Rege

Uģis Prauliņš (*1957)

SANA
6
S.
quod est a-ri-dum, quod est a-ri-dum, quod est a-ri-dum, Sa-na quod est sau-ci-um,
S.
A.
[C.F.]
a-ri-dum ri - ga, quod est a-ri-dum, Sa - na, sa - na,
quod est a-ri-dum, quod est a-ri-dum,
A.
ri-ga, quod est a-ri-dum, ri-ga, quod est sau-ci-um, sa-na sa-na
T.
quod est a-ri-dum, ri-ga ri-ga quod est a-ri-dum, sa-na sa-na quod est sau-ci-um,
B.
B.
quod est a-ri-dum, quod est quod est quod est a-ri-dum; quod est sau-ci-um, sa-na
B.
ri-ga! ri-ga! ri-ga! quod est a-ri-dum, quod est sau-ci-um,
FLECTE
11
S.
quod est sau-ci-um, quod est sau-ci-um; Flec - te, Flec - te,
S.
A.
(folk tune)
sa - na qoud est sau - ci - um, Flec-te quod est ri-gi-dum, flec-te quod est ri-gi-dum,
quod est sau-ci-um,
A.
quod est sau-ci - um, sa-na, Flec-te quod est ri-gi-dum, Flec-te quod est ri-gi-dum,
T.
sa-na quod est sau-ci-um, mm
B.
B.
quod est sau-ci - um, quod est sau-ci-um, Flec - te, flec - te
B.
accentuato
sa-na, sa-na, Flec - te, flec-te!

15
non crescendo
FOVE
p subito
S.
Flec - te quod est ri - gi - dum, Flec - te quod est ri - gi - dum, Fo - ve quod est
SOLO
subito p
S. A.
flec - te quod est ri - gi - dum, flec - te quod est ri - gi - dum, fo - - - -
mp subito
A.
Flec - te quod est ri - gi - dum, Flec - te quod est ri - gi - dum, Fo - ve quod est fri - gi - dum,
subp
T.
ri - gi - dum,
B. B.
flec - te! flec - te! fo - - - -
f crescendo
ff
B.
flec - te quod est, flec - te quod est, fo - - - -
18
S.
fri - gi - dum, fo - ve quod est fri - gi - dum, fo - ve fri - gi - dum,
TUTTI
poco a poco decrescendo
S. A.
- - ve, fo - ve quod est fri - gi - dum, fo - ve quod est fri - gi - dum,
A.
fo - ve quod est fri - gi - dum, fo - ve quod est fri - gi - dum, fo - ve quod est fri - gi - dum,
T.
fo - ve quod est fri - gi - dum, fo - ve,
mf
B. B.
- ve fri - gi - dum, fo - ve! fo - ve,
B.
- ve fri - gi - dum, fo - ve!

21
S.
S.
A.
A.
T.
B.
B.
B.
mp
p
fo - ve quod est fri - gi - dum, fo - ve quod est fri - gi - dum,
fo - - - - ve,
f
fo - - - - ve quod est;
23
REGE
senza crescendo
ff
Re - ge quod est de - vi - um, re - ge
Re - ge quod est de - vi - um, re - ge quod est de - vi - um,
Re - ge, re - ge quod est de - vi - um
Re - ge quod est de - vi - um re - ge!

25
f crescendo
ff ♩ = 112
S.
Re-ge quod est de-vi-um, re-ge de - vi - um de - vi -
S.
A.
re-ge quod est de-vi-um, re-ge quod est de - vi - um, Re-ge quod est
A.
re-ge quod est de-vi-um, re-ge quod est de - vi - um, de - - vi -
T.
mf f ff
re - ge quod est... de - vi-
mf f
re - ge quod est...
B.
B.
re - - - ge de - vi-
B.
ff
quod est de - vi - um, de - vi -

29
S.
S. A.
A.
T.
B. B.
B.
um
de- vi um. de - vi - um.
mp
um (mm)
- um (mm)
- um (mm)
- um (mm)
♩= 112
'Gregorian chant'
f SOLO
Da tu-is fi - de-li-bus
(ord.)
p
tu - is
37
𝅗𝅥 = 52
pp dolce, lucido
sa - crum sep - te - na - ri - um...
p
sa - crum sep - te -
p lucido, dolcissimo
C.F.
sa- crum, sac -
con bravura
ff
f
TUTTI
slow gliss. up
in te
p
pp
GRUPPO
f con bravura
in te con-fi - den- ti - bus, in te
TUTTI

43
S.
p
3
na - ri - um...
sa - crum sep - te - na - ri - um...
sa - crum sep - te -
p lucido dolcissimo
C.F. sa - crum, sac - rum sep - te -
S.
A.
rum...
sa - crum, sac - rum sep - te -
A.
p
sa - crum sep - te - na - ri - um...
sa - crum sep - te - na - ri - um...
T.
p falsetto
sep -
B.
B.
ppp
B.
ppp
47
S.
na - ri - um...
sa - crum sep - te - na - ri - um...
sa - crum...
na - ri - um (mm)
ppp
S.
A.
na - ri - um (mm)
C.F.
A.
sa - crum sep - te - na - ri - um...
sa - crum sep - te - na - ri - um...
T.
te - na - ri - um. (mm)
B.
B.
B.

Finale

Uģis Prauliņš (*1957)

7
sotto voce
p dolce
S.
- ri - tum
a - - le -
A.
Da vir - tu - tis me - ri - tum
SATB
(mm)
pp leggero
SOLO
Da vir-tu-tis me ri-tum
leggero
GRUPPO
p
da vir - tu - tis
SOLO
pp leggero
T.
Da vir-tu-tis me-ri- tum
B.
me - ri tum, da sa-lu-tis e - xi-tum, Da vir-tu-tis me - ri-tum, da vir-tu-tis
10
(legatissimo)
S.
lu - - - - - - - ia,
A.
Da sa - lu - tis e - xi -
SATB
simile
da vir - tu - tis, da sa - lu - tis e - xi - tum
T.
mm
B.
me - ri-tum, da vir-tu-tis me - ri tum, da sa-lu-tis e - xi-tum, Da vir-tu-tis

amabile
SOLO
a-le
13
p ad lib. alla joik
mp
S.
a - le - lu - ia, a - le - lu - ia, a - aa,
A.
tum.
da sa - lu -
SATB
TUTTI
p leggero
da vir - tu - tis
da vir - tu - tis,
da sa - lu - tis
T.
B.
me - ri - tum,
da vir-tu-tis me - ri - tum,
da vir - tu-tis me - ri tum,
da sa-lu-tis
poco espressivo
lu - ia, a-le-lu-ia, a-le-lu-ia, a - le
B
lu - ia...
16
leggero
2nd (backing) voice a - le - lu - ia...
da
tis e - xi - tum.
da
leggero
Da sa - lu - tis,
mp
poco a poco crescendo
Da sa-lu-tis e - xi - tum,
da sa-lu-tis e - xi - tum,
da sa-lu-tis

19
poco a poco crescendo
mp legato, amabile
S.
da sa - lu - tis e - xi - tum
(raw Folk or Gospel voice)
poco a poco crescendo
mf
A.
da, e - xi - tum
legato, dolce
SATB
e - xi - tum da e - xi -
mp
e - xi - tum, e - xi - tum
mf
T.
e - xi - tum, da per-en-ne gau - di - um, da sa - lu - tis e - xi - tum, da sa - lu - tis
poco a poco crescendo
B.
e - xi - tum, da per-en-ne gau - di - um, da sa - lu - tis e - xi - tum, da sa - lu - tis
22
GRUPPO
dolce
S.
da sa - lu - tis gau - di - um; da per - en - ne gau -
A.
gau - di - um
mp SOLO mp
SATB
tum, gau - di - um
e - xi - tum e - xi - tum
T.
e - xi - tum, da sa - lu - tis e - xi - tum, da per - en - ne gau - di - um, da sa - lu - tis
B.
e - xi - tum, da sa - lu - tis e - xi - tum, da per - en - ne gau - di - um, da sa - lu - tis

25
B2
S.
-di - um
A.
gau - - - di - um!
mf
da per - en -
GRUPPO
gau - - - - - - di - -
SATB
mf delicato
stacc.
da, da
T & B
mp GRUPPO
da per-en-ne gau-di- um
mf
poco a poco crescendo
T.
e - xi-tum, da sa - lu-tis e - xi-tum, da sa-lu-tis e - xi-tum, da per-en-ne
B.
mf
e - xi-tum, da sa - lu-tis e - xi-tum, da sa-lu-tis e - xi-tum, da per-en-ne
28
mp
per - en - ne, da...
gau -
ne gau - di - um
gau -
delicato
um da! gau - - - - - - - -
delicato
da! da, da, da, da,
e - xi - tum
mf
gau - di-um, da sa-lu-tis e - xi-tum, da sa-lu-tis e - xi-tum, da sa - lu - tis
gau - di-um, da sa-lu-tis e - xi-tum, da sa-lu-tis e - xi-tum, da sa - lu - tis

31
S.
A.
SATB
T.
B.
da per-en - ne gau - di - um.
f
- - - - - - di - um! gau - di - um.
- - - di - um.
crescendo
- - - di - um gau - di - um da sa-
gau - di - um
mp
da, pe - ren - ne gau - di - um...
e - xi - tum
mp
e - xi-tum, da per - en-ne gau - di-um, da sa-lu-tis da sa - lu - tis
e - xi-tum, da per - en-ne gau - di-um, da sa-lu-tis
festivo: gaudeamus!
34
(quasi false ending:)
mf lucido
da per - en - ne gau - di - um!
legato
mf Gau - di - um, gau - di-um,
da!
lu - tis,
mf
gau - di-um, gau - di-um,
da, da da, da
f
gau - di-um, da per-en-ne gau - di-um, da per-en-ne
mp
e - xi - tum
f
gau - di-um, da per-en-ne gau - di-um, da per-en-ne

38
S.
da per - en - ne gau - di - um! da per - en - ne gau -
mf
A.
da per - en - ne gau - di - um
legato, dolce
SATB
gau - di - um gau - di -
da, da, da, da gau - di - um, da da, da,
T.
gau - di-um, da per-en-ne gau - di-um, da per-en-ne gau - di-um, da per-en-ne
f
da
f
B.
gau - di-um, da per-en-ne gau - di-um, da per-en-ne gau - di-um, da per-en-ne
41
(non crescendo)
S.
- di - um! gau - di - um, A -
A.
da per - en - ne gau - di-um, gau - di - um
3
legato, dolce
gau -
SATB
um gau - di - um
da, da gau - di - um, da da, da, da da
gau - di -
T.
gau - di-um, da per-en-ne gau - di-um, da per - en-ne gau - di-um, da per-en-ne,
f
B.
gau - di-um, da per-en-ne gau - di-um, da per - en-ne gau - di-um, da per-en-ne

44
lontano
SOLI
p
S.
gau - - di - um, gau - - - - - di - um,
A.
gau - - di - um, gau - - di - um, gau - - di - um;
- - - - - di - um
SATB
gau - - - di - um
f
um
da. da:
T.
f
da
da, da:
B.
f
da
da, da:
46
p SOLO
sotto voce
S.
- le - lu - - ia, a - - le -
A.
f A - - - le - lu - - -
da!
f
legato, dolce
SATB
gau - di - um, gau - di - um, gau - - di -
f
delicato
da, da da, da da, da,
da,
ff
T.
gau - di - um, da per - en - ne gau - di - um, da per - en - ne gau - di - um, da per - en - ne
da
B.
ff
gau - di - um, da per - en - ne gau - di - um, da per - en - ne gau - di - um, da per - en - ne

49
mp
poco rit.
S.
lu - u - ia, gau - di - um.
A.
p
- ia, Ve-ni, ve-ni, ve-ni, ve - ni
mf quasi recitativo
SATB
um, gau - di - um. Ve - ni, Sanc-te Spi-ri-tus,
mp
Ve-ni, ve-ni, ve-ni, ve - ni,
mf quasi recitativo
da, da gau - di - um Ve - ni, Sanc-te Spi-ri-tus,
T.
gau - di-um, da per-en-ne gau - di - um
B.
gau - di-um, da per-en-ne gau - di - um
53
p
S.
ve - - - - - - - - - ni,
A.
mf poco a poco diminuendo al fine
SATB
Ve - ni, Sanc-te Spi-ri-tus, re-ple tu-o-rum cor-da fi-de-li-um, et tu-is a-
mf
Ve - ni, Sanc-te Spi-ri-tus, re-plc tu-o-rum cor-da fi-de-li-um, et tu-is a-
T.
B.

ISMN 979-0-69796-926-1 (Printed)
ISMN 979-0-69796-998-8 (PDF)